AF313057

LETTRE

SUR

LE DIVORCE

PAR

Le Docteur AUDIFFRENT

L'UN DES EXÉCUTEURS TESTAMENTAIRES D'AUGUSTE COMTE

PARIS

IMPRIMERIE NOUVELLE (ASSOCIATION OUVRIÈRE)

14, RUE DES JEUNEURS, 14

1879

LETTRE

SUR

LE DIVORCE

PAR

LE DOCTEUR AUDIFFRENT

L'UN DES EXÉCUTEURS TESTAMENTAIRES D'AUGUSTE COMTE

PARIS

IMPRIMERIE NOUVELLE (ASSOCIATION OUVRIÈRE)

14, RUE DES JEUNEURS, 14

1879

LETTRE

SUR

LE DIVORCE

A Monsieur M..... D.....

Marseille, le samedi 18 Charlemagne 91.
(5 juillet 1879)

Monsieur,

Vous me demandez quelle est ma manière de voir sur
la grave question du divorce, dont l'opinion se trouve
en ce moment saisie. Dans une de nos conversations,
j'ai eu l'honneur de vous dire que, loin de répudier le
passé catholique, le Positivisme se donne au contraire
pour mission d'en prendre la continuation. Comme pour
nos prédécesseurs, le mariage reste pour nous une institution indissoluble, et s'il est quelques cas exception-
nels où il doit être rompu, ces cas ne sauraient jamais
faire règle. La famille, il faut le dire bien haut, est
l'élément social par excellence, et tout doit concourir à
sa consolidation. Vous vous honorez, Monsieur, non
sans raison, de descendre d'une vieille race ; par votre
extraction, vous devez donc être disposé à reconnaître
qu'en entourant, comme on l'a fait, de tant de protection l'institution fondamentale de tout ordre social, le
passé n'a pas eu seulement en vue d'assurer le bonheur
de l'individu, mais qu'il a voulu surtout asseoir la société
sur des bases solides. Il vous suffira de jeter un coup

d'œil rétrospectif sur le développement de la famille humaine pour qu'il ne reste à cet égard aucun doute dans votre esprit. Permettez-moi de remonter un peu haut dans l'histoire de notre espèce.

Une plume éloquente, prématurément brisée, a écrit : L'Humanité est un sublime prolongement de l'Animalité. Rien n'est plus vrai, n'en déplaise à notre orgueil. Nous avons, toujours et partout, au début de toute civilisation, procédé à la façon des animaux. La famille a été d'abord temporaire chez nous, comme chez eux. La promiscuité primitive ne fut contenue que lorsque le fétichisme, cette religion des premiers âges, eut institué le foyer domestique. Le régime théocratique, qui succéda au fétichisme, consacra, il est vrai, la polygamie, mais en la restreignant aux castes supérieures. Bornée à ces castes, elle eut pour effet de contenir les écarts de l'instinct sexuel, en préservant les castes inférieures de l'arbitraire des chefs. Ce fut donc un progrès sur le régime antérieur. La monogamie, qui prévalut dans les sociétés militaires, où, suivant l'observation d'Auguste Comte, l'absence fréquente des chefs devait laisser forcément à la femme l'administration intérieure, fut pour la famille humaine un progrès décisif. Elle comporta elle-même des modifications sensibles. Ainsi, quand on compare le sort de la femme dans les gynécées de la Grèce, à la haute dignité à laquelle fut élevée la matrone romaine, on est bien forcée de reconnaître l'influence croissante de la vie sociale pour consolider la constitution domestique. Dans la société romaine, où le chef de famille avait droit de vie et de mort sur les enfants et les esclaves, le divorce, ou plutôt la répudiation, persista encore, mais ce fut comme un moyen de discipline intérieure, commandé en quelque sorte par des nécessités sociales. Plus tard, quand le catholicisme consacra l'indissolubilité du mariage, il n'obéit pas seulement à l'obligation d'améliorer la discipline domestique, que l'effroyable dissolution des mœurs, qui caractérise les derniers siècles de Rome, avait si gravement compromise, il céda encore aux exigences de la hiérarchie féodale.

On sait qu'il fut parfois réduit à tolérer la polygamie même chez certains chefs de nos deux premières races, et que ses prescriptions ne furent définitives que lorsque la nouvelle société fut complétement constituée. C'est alors que ressortit toute la prééminence morale de la femme, désormais investie des soins intérieurs, soit comme épouse, soit comme mère.

Depuis que la Révolution moderne, et il faut remonter bien loin pour en trouver l'origine, a fait prévaloir l'intérêt personnel sur l'intérêt collectif, et détruit tout ce qui restait des vieilles traditions, le catholicisme s'est vu condamné à une éternelle protestation, ne pouvant ni convaincre ni entraîner. Une société qui n'admet des antécédents que pour les conspuer, dont l'avenir ne s'étend pas au-delà de la génération qui la talonne, ne pouvait évidemment admettre que l'individu eût à accepter dans l'intérêt de tous le sort qu'il n'a pas mérité. Dans ces conditions, tous les devoirs, aussi bien sociaux que domestiques, deviennent naturellement de véritables charges. Mais est-ce bien le sort qui nous est réservé ?

Parmi les grands problèmes que le moyen âge a légués au présent, il en est un qui doit éveiller désormais toutes les sollicitudes, c'est l'incorporation du prolétariat à une société, où, conformément à l'expression d'Auguste Comte, il n'est que campé. Au moyen âge, le serf avait un gîte, une existence morale, que lui faisait une religion dont la protection s'étendait jusqu'à lui;

un lendemain aussi assuré qu'il pouvait l'être, en des temps où l'on était habitué à vivre de peu. Le prolétaire moderne est sans doute libre de sa personne, libre de se déplacer, mais parfois aussi libre de mourir de faim, lorsque l'absence de direction ou que l'incurie de ses patrons improvisés l'expose aux conséquences d'une situation où l'imprévoyance est la règle. Qu'on en soit bien convaincu, il ne saurait exister aucune stabilité sociale tant que le prolétariat moderne n'aura pas un lendemain, tant que sa famille ne sera pas reconstituée.

Tel est le problème légué par le passé au présent. Nous n'avons pas ici à montrer les moyens d'en préparer la solution. Qui peut douter cependant qu'elle ne soit possible? Déjà les produits de l'industrie humaine sont assez abondants pour qu'une meilleure répartition assure à chacun une existence acceptable. En supposant donc, pour parler le langage des géomètres, le problème résolu, que de questions grosses d'orages et de dangers sociaux, ou réputées utopiques, qui se simplifient naturellement.

Je suis convaincu, Monsieur, que vous avez de notre espèce une idée assez favorable, pour la croire en des conditions de bien-être désormais réalisables, susceptible d'un perfectionnement auquel je n'oserais fixer des limites. Qui ne croirait alors à la foi conjugale et au respect de la parole donnée? La providence humaine assurant à chacun une existence morale et matérielle, intervenant à chaque instant pour rappeler à chacun, par des organes autorisés, le but de la vie, supérieurs et inférieurs s'habitueront bien vite à ne chercher le bonheur que dans le devoir librement accepté, dignement rempli. Sous le régime qui aura triomphé de la misère, fruit de l'imprévoyance, qui aura pourvu chacun d'un guide moral et intellectuel, qui peut douter que l'institution fondamentale de tout ordre humain ne soit susceptible d'être relevée, nous dirons plus, de comporter de nouveaux perfectionnements?

Vous avez, Monsieur, plus d'une fois pris plaisir à nous entretenir de vos aïeux, à faire revivre le souvenir de leurs services; vous vous êtes bien souvent complu à rétablir la filiation des événements auxquels se rattache leur existence. Je comprends ces nobles occupations, quand elles ont pour effet de relever en nous le sentiment de la dépendance et de la filiation sociale. Vous nous avez montré par là que vous sentez la continuité humaine et que vous en connaissez l'importance pour notre amélioration personnelle. Noblesse oblige, a-t-on dit. N'est-ce point l'engagement contracté par toute une caste de toujours bien faire? Un tel engagement, qu'il ait été bien ou mal tenu, n'implique pas moins le respect d'une famille se perpétuant dans le temps, et dont on désire rester toujours digne. C'est de cette dépendance domestique, relevée par la dignité sociale, qu'est née, comme vous le savez, la grande notion de l'honneur. Elle est, comme vous le voyez, exempte de toute idée ou consécration théologique. Mais ce qui s'est réalisé déjà pour quelques familles privilégiées nous paraît de nature à être étendu indistinctement à toutes les familles humaines, grandes ou petites.

Qu'il me soit permis de vous signaler préalablement une transformation décisive apportée dans la famille moderne dès les premiers temps de l'ère féodale, lorsque l'indissolubilité du mariage y fut définitivement acceptée.

Le rôle de la mère fut toujours considérable dans toute famille humaine, mais il s'y subordonna plus ou moins à celui du père, qui en resta toujours le chef naturel.

La matrone romaine avait su prendre déjà une large part dans l'éducation de son fils, et quand, dès les premiers siècles du moyen âge, les mœurs du château eurent mieux accusé la nature morale de la femme, elle fut universellement investie de l'éducation des enfants, et jamais l'autorité paternelle ne tenta de l'en déposséder. Plus tard, quand le sentiment de la hiérarchie féodale eût consacré le dévouement des forts aux faibles, la femme devint la providence morale de l'homme. Sous sa salutaire et graduelle influence, mieux appréciée désormais en matière de sentiment, nulle décision ne fut acceptée comme définitive qu'elle n'eût été ratifiée par elle. Vous savez qu'au douzième siècle son culte s'était déjà subsitué à celui de Dieu lui-même. L'homme devint de la sorte, au moral comme au physique, l'œuvre de la femme. La famille dont elle fut l'âme resta le foyer des nobles sentiments et le laboratoire des grandes pensées. La destination finale de la femme fut ainsi nettement et définitivement accusée.

Après ces divers développements, on ne saurait se refuser à admettre que les progrès qui viennent d'être signalés, bien qu'ils n'aient été propres qu'à quelques familles privilégiées, doivent désormais s'étendre aussi à la famille humaine tout entière, patricienne ou plébéienne. Il suffit pour cela que la femme soit désormais affranchie de tout travail extérieur. Si les mœurs du château et les contacts féodaux firent mieux goûter jadis la supériorité féminine, la vie calme et régulière de la cité future, où les rapports sociaux rappelleront toujours directement ou indirectement la continuité et la solidarité humaine, ne saurait manquer de faire de la femme, dans les moindres familles, ce qu'elle fut pour l'élite des sociétés passées. Mais un semblable rôle réclame encore un dernier progrès pres-

senti déjà par toutes les natures élevées. Il faut que
la famille s'étende à la fois, pour les plus humbles
comme pour les plus illustres époux, dans l'avenir aussi
bien que dans le passé.

Telle est la seule manière de perpétuer les souve-
nirs destinés à rattacher chaque génération à celles
qui l'ont précédée ou la suivront. Voilà pourquoi le
Positivisme, se conformant aux pressentiments des
belles âmes de tous les temps, de tous les lieux, fixe
l'indissolubilité du lien conjugal en proclamant le veu-
vage éternel. Cette fidélité posthume n'est pas seulement la consolation des mourants, dont elle perpétue
les services, c'est aussi une garantie pour les vivants
qui peuvent espérer à leur tour de vivre encore dans
le souvenir de ceux qu'ils auront aimés.

La dernière des familles prolétaires, comme jadis la
plus noble famille féodale, se trouve de la sorte pourvue
de deux existences : la première, *toute objective*,
est destinée au fond à préparer la seconde, essentielle-
ment *subjective*, qui lui fournit à son tour un but et une
consécration. La polygamie *subjective* qui résulte des
secondes noces ne pourrait que compromettre la continuité des sentiments, dernière et souvent unique garantie du bonheur privé. Ainsi considéré, le mariage
n'est plus le rapprochement de deux individualités en
vue de la procréation ; c'est l'union de deux âmes destinées à se compléter et à s'améliorer mutuellement
pour le service d'autrui. La mort ne saurait mettre fin
à une semblable union, qui persiste encore après elle.

Lorsqu'on descend, Monsieur, de ces hauteurs sen-
timentales dans le terre-à-terre des basses passions où
s'agitent nos contemporains, combien ne se sent-on pas
éloigné du but ? Aussi le divorce, si chaleureusement
réclamé par quelques-uns, ne peut être pour nous

qu'une rétrogradation, une marche en arrière. C'est le cri de détresse poussé par une société sans aïeux et sans foi. Il y a plus de six siècles que nous marchons à l'aventure, qu'on me permette le mot, que nous n'allons plus qu'en vertu de la vitesse acquise. Cette vitesse se ralentit à raison de la résistance que présente le milieu.

La famille féodale a disparu, et le régime catholique s'est affaissé, miné par ses dissolvants intérieurs et par le désaccord croissant de son dogme avec la raison moderne. L'individu s'est bientôt trouvé livré à lui-même, sans croyance et sans guide pour le rappeler au respect des traditions et des institutions protectrices de tout ordre social. Battue par la tempête, on dirait la famille humaine à la veille de sombrer.

La continuité sociale est de plus en plus méconnue depuis que le protestantisme a institué la doctrine négative et rompu les liens qui rattachaient chacun au passé. Sur ses traces, on a vu le divorce, et la polygamie même, menacer la famille. Je l'ai dit, c'est le cri d'alarme d'une société en détresse. C'est sous l'empire de cette même doctrine négative que le divorce fut voté par la Convention nationale. Malgré la dissolution des mœurs de la cour, la foi conjugale était encore respectée à la fin du siècle dernier. Aussi ne fut-ce que par une regrettable imitation de ce qui se passait dans le monde protestant, que fut prise une semblable mesure. Aboli au retour des Bourbons, le divorce revint de nouveau à flot dans les premiers temps de la monarchie de Juillet. Il fut alors voté par la Chambre des députés et rejeté par celle des pairs. Ce fut encore par imitation, d'après l'initiative de quelques sophistes, car il fut accueilli avec indifférence par l'opinion publique. De nos jours, la doctrine négative est épuisée,

le scepticisme philosophique est triomphant, on ne croit
à rien, on se soucie assez peu d'imiter ses voisins, qui
peut donc provoquer une nouvelle apparition de la loi
du divorce? Hélas! il faut bien le reconnaître, la dissolution croissante de nos mœurs.

Permettez-moi, Monsieur, quelques mots sur l'état
moral de la société qui cherche dans la loi du divorce
un soulagement à ses charges; vous pourrez y trouver
plus d'un sujet d'édification.

La Révolution, on n'a aucun mérite à le dire aujour-
d'hui, après un sublime effort digne de notre admira-
tion, a littéralement décapité la France. C'est un répu-
blicain qui ne saurait être suspect qui en fait l'aveu.

Rendue en quelque sorte fatale par la marche des
événements, elle devait venir d'en haut et non d'en
bas. Venant d'en haut, elle n'eût été qu'une légitime
transformation de l'ordre social antérieur. Venant d'en
bas, elle fut violente et terrible dans son explosion.
Elle se compliqua de la nécessité de sauver la France
d'une invasion suscitée par la coalition des intérêts ré-
trogrades. De l'aveu même de de Maïstre, le redoutable
Comité qui fut chargé de la défense nationale préserva
les destinées humaines d'un retard funeste, qu'aurait
amené le démembrement de la France.

Dans ce suprême effort, le pays laissa sur les écha-
fauds de Robespierre ou dans les grandes tueries de
Bonaparte l'élite de sa noblesse et son tiers-état, qui
était une autre noblesse. Si une doctrine régénératrice
n'était sortie de cet ébranlement, on pourrait croire à
un avortement.

Vous savez, Monsieur, ce qui se passa après le réta-
blissement de la paix, au retour de la branche aînée,
quel mouvement se produisit de la campagne vers la
ville. Tout ce qui avait échappé au naufrage révolu-

tionnaire fut submergé dans le flot des nouveaux venus. Par le cours naturel des choses, la fortune de la France et ses instruments de travail passèrent entre leurs mains. L'administration tout entière, la magistrature, le sacerdoce, leur échurent sans retour. Après une noble tentative dont on ne leur a pas assez tenu compte, ceux des anciens chefs qui avaient survécu, se laissèrent aller au torrent et se mirent, eux aussi, à demander leur part de la curée. Ils furent bientôt à l'unisson de leurs anciens tenanciers. Comme médecin, je crois, Monsieur, à la grande loi de l'hérédité ; je crois aussi à celle de la désuétude, cette sorte de perfectionnement à rebours. Si j'ai peu de foi dans les grands sentiments de ceux qui sont descendus de leurs montagnes en sabots et avec les trente sous traditionnels dans leur poche, je suis aussi peu disposé à croire au désintéressement de ceux qui, pour se refaire, ont épousé les filles des Moabites.

J'ai été un simple narrateur dans l'exposé que je viens de faire ; je me suis abstenu de juger, j'ai simplement constaté. Mais je dois cependant déclarer que dans cette succession singulière d'événements, la fatalité a été presque toujours le principal facteur. A ceux qui repoussèrent Turgot et ses réformes incombe une grave responsabilité.

Demandons-nous maintenant, quel peut être le but social de ceux dont nous venons de rappeler l'origine. Dans cette cohue sans passé, sans avenir, vous savez quelle morale a prévalu. Ayant tout sacrifié au plaisir, aux jouissances du moment, est-il étonnant qu'elle soit sans force, sans résistance contre la passion, lorsque sonnent les heures critiques de la vie ? Sa foi hypocrite, selon le mot de Larochefoucauld, ne peut payer qu'un triste hommage à la vertu. Faut-il encore vous rappeler quelle éducation reçoivent les produits issus de rapprochements dont l'intérêt seul est la loi. Eloignés dès le bas âge de la maison paternelle, si l'on peut appeler de ce nom le domicile moderne, ils sont, sous prétexte d'instruction, relégués dans les cloîtres scolastiques, pendant toute cette période de la vie où l'on doit faire provision de sentiments pour l'avenir. Quand ils en sortent, l'homme ou la femme est déjà formé, ils n'ont jamais connu les tendresses maternelles, de leur père, on ne leur a appris que les relations d'affaires ou l'état de fortune.

Une pareille société, Monsieur, a mille fois raison, quand elle demande à divorcer. Peut-on l'en blâmer? Vous êtes des inconséquents, vous qui voulez la soumettre à des liens indissolubles. Les affaires laissent-elles le temps d'étudier la femme qu'on destine à son fils, la famille où il va entrer? Le mariage n'est-il pas une affaire comme une autre? un simple dédit mutuellement consenti ne suffit-il pas pour corriger les inconvénients d'un choix précipité? Les enfants doivent d'ailleurs se résigner à n'être pas plus heureux que leurs parents.

Tous les arguments que font valoir les partisans actuels du divorce sont irréfutables, quand on se place à leur point de vue, c'est-à-dire, au point de vue individuel ; ils ne tiennent pas un seul instant debout quand on se met au point de vue social. Il n'y a pas à discuter, il y a opter entre ces deux points de vue.

Je vous ferai remarquer, Monsieur, que, sous la Restauration et sous le régime de Juillet, la société catholique tout entière fut opposée au divorce ; aujourd'hui, elle est partagée. Faut-il s'en étonner? Vous connaissez la composition de cette société, son origine. Si elle était attaquée dans ses intérêts matériels, elle serait una-

nime à protester ; mais ce n'est que l'institution fondamentale de la famille et de tout ordre social qui se trouve
menacée, et encore si indirectement. Elle peut reposer
en paix ! Le divorce d'ailleurs n'existe-t-il pas en An-
gleterre, en Allemagne, en Suisse et même en Belgique
et en Autriche, qui sont des pays catholiques ? Y est-on,
somme toute, moins honnête qu'en France ? Laissez
grandir cet enfant, disait de Maistre, à propos des
Etats-Unis d'Amérique, qu'on lui donnait comme le
type le plus parfait de gouvernement. L'enfant a grandi
et vous connaissez ses gentillesses. Quand la France
sera gagnée au divorce, et après elle : l'Italie, l'Espagne
et ce qui reste encore de pays nominalement catholique,
quand ces barrières seront tombées, qu'adviendra-t-il
de la famille, considérée comme élément social, et de
l'enfance ?

C'est ce que l'avenir nous apprendra.

Le sacerdoce catholique, plein de ses traditions,
pourvu d'une profonde connaissance de la nature humaine, ne pouvait un seul instant hésiter à repousser
la loi du divorce. Mais il se trouve encore réduit pour
consacrer l'indissolubilité du mariage, à invoquer les
puérilités d'un dogme épuisé, à compromettre le fond
sous la forme.

Il n'y a qu'une théorie rationnelle de la famille et du
lien conjugal qui puisse triompher des sophismes diri-
gés contre ces deux institutions.

Le catholicisme est impuissant à la formuler. Placé
à un point de vue personnel et absolu, il n'a pu montrer
que l'un des côtés du mariage, la procréation. Ne pouvant s'élever au point de vue social et privé de ses anciens stimulants féodaux, pour atténuer l'insuffisance
de son dogme, il s'est condamné à une stérile quoique
légitime protestation. Sa doctrine étroite lui permet

d'honorer la virginité, et méconnaît le mérite souvent considérable de la viduité.

Voulez-vous me permettre, Monsieur, une digression qui, je l'espère, ne sera pas trop déplacée ici. Il s'agit de la fameuse question de la liberté d'enseignement supérieur.

Toujours obligé, avons-nous dit, de sacrifier le fond à la forme, le catholicisme est venu encore, en cette autre occasion, se buter contre les mêmes écueils. Les diverses considérations, que nous avons présentées précédemment sur la constitution domestique, ne permettent guère de penser que l'enfant puisse être élevé en d'autres idées qu'en celles de sa famille. C'est à la mère, avons-nous dit encore, qu'appartient et que doit appartenir normalement la direction de l'éducation. Le fils et surtout la fille peuvent-ils être confiés à des maîtres professant d'autres principes que ceux de leurs parents? Mais la vie civique, dira-t-on, a ses devoirs qu'on ne saurait méconnaître. Aussi, lorsque le *Syllabus* venant jeter un défi à la science moderne, veut encore imposer les dogmes de Moïse à une société qui possède la *Mécanique analytique* et la *Théorie des fonctions du cerveau*, ces deux monuments extrêmes du savoir humain, on se trouve naturellement fort embarrassé devant le père de famille qui veut se conformer aux prescriptions de directeurs restés étrangers à la marche de l'esprit humain. Jamais, il faut bien le reconnaître, situation plus contradictoire n'a existé dans le passé. Comment cependant sortir du cercle vicieux où tourne le vieux monde depuis si longtemps?

En cet instant de transition d'un état social épuisé à celui qui est destiné à lui succéder, les plus clairvoyants et les mieux intentionnés ne peuvent que

s'égarer sans les lumières d'une science supérieure Nul,
au temps de Constantin, n'eût pu certainement prévoir
les splendeurs du régime catholico-féodal. Au philosophe pénétré de la connaissance des lois de l'évolution
humaine, appartient seul, en ce péril extrême, de donner
des conseils, de montrer la voie. Après avoir pourvu
au maintien de l'ordre matériel, seul ordre dont on
puisse répondre désormais, le gouvernement, sans plus
tarder, doit proclamer un scrupuleux respect de la
liberté d'exposition. Il convient autant de mettre fin au
règne de la science officielle, ce fléau de notre temps,
que de renoncer à patronner une religion quelconque.
La vraie liberté, celle que tout penseur réclame, implique l'abolition des budgets clérical et universitaire,
en y comprenant les annexes académiques. C'est la seule
manière de rassurer les consciences alarmées des pères
de famille, et de hâter le triomphe des doctrines, quelles qu'elles soient, destinées à nous rallier un jour.

A la célèbre Compagnie qui dirige depuis le seizième
siècle les destinées catholiques et qui proteste si éner-
giquement en ce moment au nom de ses libertés atta-
quées, nous poserons cette question. Pourquoi, lorsque
nous vous l'avons proposé, n'avez-vous pas voulu, con-
vaincus que vous étiez cependant de la sincérité de nos
sentiments, joindre vos vœux aux nôtres pour obtenir
ce que vous demandiez vous-mêmes en d'autres temps,
c'est-à-dire l'indépendance de l'Eglise envers l'Etat.
Nous vous offrions comme garantie la suppression des
budgets universitaires et académiques. Deviez-vous
hésiter alors à combiner vos efforts aux nôtres ? Nous
ferons nous-mêmes la réponse à la demande. Lorsque
l'indépendance de l'Eglise fut par vous réclamée en
d'autres temps, il y avait alors un clergé gallican,
qui ne vous aimait pas, et qui était d'ailleurs enti-

ché lui-même de ce qu'il appelait ses privilèges. Ce clergé national n'est plus, ou plutôt, il s'est rallié à vous. Les évêques vos anciens ennemis sont devenus vos affiliés. Pourquoi, lorsque vous avez un pied dans la place, lorsque vos créatures sont de hauts dignitaires de l'Etat et figurent dans les conseils de l'instruction publique, pourquoi leur demanderiez-vous de renoncer à la subvention, de laquelle découlent tous ces avantages et à l'aide de laquelle vous tenez sous une main de fer le bas clergé? Au milieu des malheurs que les Ignaciens ont appelé sur notre pays, on peut distinguer cependant des services, et il n'est pas dit qu'ils ne puissent en rendre encore; s'ils veulent la liberté, la grande assurément, ils savent à quelles conditions nous nous joindrons à eux pour la réclamer.

Il faut me pardonner, Monsieur, cette digression; elle était destinée, dans ma pensée, à montrer la solidarité de toutes les questions qui se posent en ce moment. Vous ne pourrez douter, je crois, que rivés à une forme défectueuse, réduits à se servir de moyens démodés, excusez le mot, les directeurs catholiques ne s'exposent de plus en plus à compromettre les intérêts les plus respectables, le fond avec la forme. Mais nous devons leur savoir quelque gré néanmoins d'avoir montré, par une louable résistance, que toutes les questions posées de nos jours, tournent involontairement à la question religieuse, à laquelle tout se subordonne désormais. Des hommes, qui sont mêlés, depuis tant de siècles, aux affaires humaines, ne pouvaient ne pas voir que les complications de toutes sortes qui naissent autour d'eux, ne peuvent être attribuées qu'à l'absence ou à l'insuffisance de toute direction spirituelle. Tout en admirant les efforts de ces obstinés lutteurs pour relever la vieille discipline, nous devons leur rappeler que la science qui a frappé de discrédit tous les dogmes théologiques, a du même coup privé de consécration toutes les antiques autorités. C'est en vain qu'ils combattent, avec leurs armes actuelles, contre un mouvement qui les emportera infailliblement, s'ils ne changent de moyens.

Je ne puis m'empêcher, Monsieur, en terminant cette longue épître, de vous signaler un passage du dernier penseur catholique, de de Maistre lui-même, passage qui s'est déjà trouvé plusieurs fois sous ma plume. Il vous prouvera que si, en dehors du monde catholique, on peut encore se méprendre sur la nature des questions qui s'agitent en ce moment, elles se sont toujours montrées aux vrais chefs sous leur véritable aspect. Voici ce passage : « Je suis si persuadé des vérités que je défends que, lorsque je considère l'affaissement général des principes moraux, la divergence des opinions, l'ébranlement des souverainetés qui manquent de base, l'immensité de nos besoins et l'inanité de nos moyens, il me semble que tout vrai philosophe doit opter entre ces deux hypothèses : *ou qu'il va se former une nouvelle religion, ou que le christianisme sera rajeuni de quelque manière extraordinaire.* C'est entre ces deux suppositions qu'il faut choisir, suivant le parti qu'on a pris sur la vérité du christianisme. » (De Maistre, *Considérations sur la France.* Paris 1851, page 73.)

Ces paroles sont devenues prophétiques. Deux générations après avoir été prononcées, une nouvelle religion était fondée, et cette religion quelle est-elle, on peut le dire sans crainte, sinon le rajeunissement du catholicisme, si, sous cette expression, on entend une doctrine universelle, et, à ce titre, basée sur la connaissance même de la nature humaine. Tout vrai philosophe sera, alors, forcé de reconnaître que la doctrine qui s'élève de nos jours sur une étude systématique de notre nature, considérée dans sa constitution propre et dans son évolution nécessaire, peut justement se croire dans la filiation de l'œuvre catholique. Un esprit philosophique reconnaîtra encore que les deux hypothèses, entre lesquelles de Maistre invite à opter, se fondent l'une dans l'autre. Il y a rajeunissement, puisqu'il y a communauté de but entre la doctrine ancienne et la nouvelle; mais le rajeunissement est assez radical pour équivaloir à une fondation. Une nouvelle consécration s'est substituée à celle que reçurent jadis des règles de conduite instituées, elles aussi, quoïque empiriquement, d'après une profonde étude de l'homme moral. Cette substitution, radicale dans sa substance, était nécessaire pour soustraire ces règles, sans lesquelles il n'y a plus de société, à l'action corrosive des sophismes modernes.

C'est la science tout entière s'élevant des phénomènes les plus simples aux plus complexes, c'est-à-dire des phénomènes numériques aux phénomènes sociaux et moraux, qui vient de nos jours se substituer au dogme chrétien pour rajeunir et féconder la doctrine du passé. Le pressentiment du grand penseur catholique était donc pleinement légitime. Conformément à ce pressentiment, nous pouvons dire que la doctrine instituée par Saint Paul, continuée et embellie par Saint Bernard, reste encore, après la transformation d'Auguste Comte, la doctrine de l'avenir.

La constitution actuelle du sacerdoce catholique nous autorise-t-elle à attendre de lui le sentiment d'une pareille transformation? Il est à craindre, d'après son extraction, qui est commune, au moins en France, et sa préparation actuelle, qu'il n'y ait en lui ni la hauteur philosophique, ni l'ardeur sociale que réclame ce dernier pas.

Comme vous le voyez, Monsieur, j'ai été amené, à propos de divorce, à vous entretenir de bien des choses, à soulever de bien graves questions. C'est que tout est solidaire dans la matière humaine. Je ne regretterai pas ces longueurs si j'ai suffisamment établi, dans le cours de cette épître, que l'épuisement de son dogme expose de plus en plus le clergé catholique à sacrifier la discipline et le but à des moyens désormais sans crédit. Le sacerdoce des trois grands siècles catholiques, pénétré de ce danger, n'y avait échappé que par d'honorables inconséquences; ces inconséquences seraient de nos jours trop compromettantes.

Veuillez, Monsieur, avec mes meilleurs sentiments, agréer l'assurance de ma considération distinguée.

G. AUDIFFRENT.

13, rue Dragon.

Paris. — Imp. Nouv. (assoc. ouv.), 14, r. des Jeûneurs. — G. Masquin, dir.